Méthode de lecture CP

Richard Assuied
Professeur d'IUFM
Anne-Marie Ragot
Professeure d'IUFM

avec la collaboration de **Florence Bouillon,**
professeure des écoles, directrice d'école, enseignante en CP

À tire-d'aile

Cahier d'activités 1

Nous remercions :
– Dominique Boichard, orthophoniste.
La progression des phonèmes a bénéficié de ses conseils pour prévenir les difficultés chez les enfants les plus fragiles ;
– les classes de CP de l'école Albert Malet et Jules Isaac à Guyancourt (78) qui ont expérimenté la méthode.

Les règles de la nouvelle orthographe sont appliquées dans cet ouvrage à l'exception des extraits de littérature de jeunesse.

Hatier

1 J'entre au CP. Je me présente.

ma photo

- Je m'appelle ______________________.
- Je suis ❒ une fille. ❒ un garçon.
- J'ai ___ ans.
- Je suis en classe de ____.

❒ Mon maitre
s'appelle ______________________.
❒ Ma maitresse

ISBN 978-2-218-95630-0

1 Je connais les élèves de ma classe.

1 **Je colle la liste des prénoms des élèves de ma classe.**

2 **J'entoure mon prénom en rouge.**

filles	garçons

Je fais connaissance avec Agathe et Léonard.

Agathe rentre de vacances.

MANUEL p. 4

1 Je colorie Agathe quand elle reçoit la carte de Léonard.

2 • Je colorie la cravate à pompons de Léonard.

• Je dessine une couette pour couvrir Agathe.

3 Je recopie les prénoms.

AGATHE

Léonard

L

1 Je fais connaissance avec Agathe et Léonard.

1 Je colorie :

- **en jaune les étiquettes de Léonard**
- **en vert les étiquettes d'Agathe.**

Léonard	Léonard	Léon	LÉONARD	lionceau
AGATHE	abeille	Agathe	garçon	Agathe

2 Je sépare les mots par un trait.

- Léonard est un garçon.
- Léonardestungarçon.

- Agathe est une fille.
- Agatheestunefille.

3 Je remets les lettres dans l'ordre et j'écris.

ami a i m

lundi u i l n d

école é e l o c

2 Je comprends l’histoire lue.

C’est la rentrée : Agathe se prépare.

MANUEL p. 8

Date : ....

1 Je colorie le dessin qui montre le petit déjeuner d’Agathe.

2 J’entoure :

- **en bleu le dessin qui montre Agathe avant son petit déjeuner ;**
- **en vert le dessin qui montre Agathe quand elle part à l’école.**

3 Je colle les images dans l’ordre de l’histoire (étiquettes page 111).

1	2	3
4	5	6

2 J'étudie /a/.

avion

avion

Date : ....

1 J'écoute et je coche la case si j'entends /a/.

1 ☐ 2 ☐ 3 ☐ 4 ☐ 5 ☐ 6 ☐ 7 ☐ 8 ☐ 9 ☐ 10 ☐

2 Je marque d'un point la syllabe où j'entends /a/.

3 J'entoure les lettres qui écrivent le son /a/.

a b p a A d V a A o d a p s a M

4 Je dis le mot. Je l'entoure quand j'entends /a/.

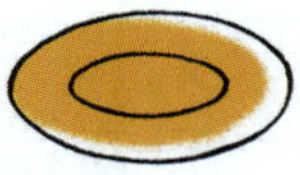

assiette

champignon

nuage

papillon

pinceau

5 J'épèle avec le nom des lettres et j'écris.

ma . . . ma ba . . . ba

la . . . la pa . . . pa

ta . . . ta va . . . va

Je comprends l'histoire lue.

Agathe va à l'école.

MANUEL p. 10

Date : ....

1 J'observe les dessins. J'écris :

- Agathe et Lola **quand les filles se disent bonjour ;**
- Agathe et Léonard **quand les filles disent bonjour aux garçons.**

A .... et L .... A .... et L ....

2 Quel est le premier travail de la classe ? Je colorie le bon dessin.

Une invention de Léonard

*** Je colorie les syllabes qui ont servi à faire le mot** cartalon.

car	table

pan	ta	lon

car	ta	lon

2 J'étudie /i/.

tipi
tipi

stylo
stylo

Date : ....

1 J'écoute et je coche la case si j'entends /i/.

1 ☐ 2 ☐ 3 ☐ 4 ☐ 5 ☐ 6 ☐ 7 ☐ 8 ☐ 9 ☐ 10 ☐

2 Je marque d'un point la syllabe où j'entends /i/.

   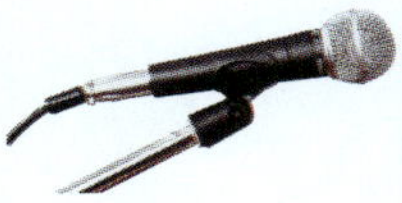 

3 J'entoure les lettres qui écrivent le son /i/.

I l i f j y e j u J t y i Y i

4 J'épèle avec le nom des lettres et j'écris.

mi . . . mi ti . . . ti

ri . . . ri pi . . . pi

5 Je complète avec a ou i.

m___nège ép___ p___p___llon fourm___ r___quette

2 Je découvre des mots outils.

Date : ....

1 J'écris un, une ou des devant le nom.

______ tapis

______ salopette

______ billes

______ poupée

______ patins

2 J'écris le, la ou les devant le nom.

______ lamas

______ cartable

______ tasse

______ stylos

______ tipi

3 Je dessine des stylos et un cartable.

2 J'apprends à connaitre la langue écrite.

Date : ....

1 Je relie les deux écritures du même mot.

ami	des	tipi	lavabo

des	lavabo	ami	tipi

2 Je remets les syllabes dans l'ordre et j'écris le nom.

ma la

ta mi ta

Où en suis-je ?

1 J'écris les syllabes que le maitre dicte.

2 J'entoure le mot que le maitre dicte.

tatami - lama - tipi - école - taratata - ami

Je comprends l'histoire lue.

En classe, Agathe raconte un souvenir de vacances.

MANUEL p. 12

Date : ....

1 **J'entoure le dessin d'Agathe quand elle part au marché.**

2 **Qu'est-ce qu'Agathe a vu au marché ?**
Je colorie les dessins qui répondent à la question.

3 J'étudie /y/.

ruban
ruban

Date : ....

1 J'écoute et je coche la case si j'entends /y/.

1 ☐ 2 ☐ 3 ☐ 4 ☐ 5 ☐ 6 ☐ 7 ☐ 8 ☐ 9 ☐ 10 ☐

2 Je marque d'un point la syllabe où j'entends /y/.

3 Je colle les images à leur place (étiquettes page 111).

J'entends /y/.	J'entends /i/.
 un pull un pull	

4 J'épèle avec le nom des lettres et j'écris.

lu . . . lu   ru . . . ru

pu . . . pu   tu . . . tu

3 Je comprends l'histoire lue.

En classe, on cherche des rimes.

MANUEL p. 14

Date : ....

1 Je relie les mots qui riment.

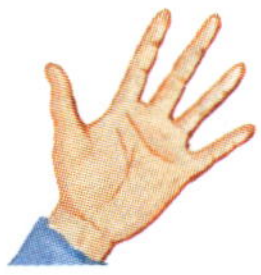	main	rideau	
	bonbon	lutin	
	épée	crayon	
	vélo	fée	

2 Je trouve deux autres mots qui riment.
Je les illustre. Je les écris avec l'aide de mon maître.

À la découverte des libellules

ÉPISODE 3

✱ J'entoure la photo qui représente une libellule.

3 J'étudie /m/.

micro
micro

Date : ....

1 **J'écoute et je coche la case si j'entends /m/.**

1 ☐ 2 ☐ 3 ☐ 4 ☐ 5 ☐ 6 ☐ 7 ☐ 8 ☐ 9 ☐ 10 ☐

2 **Je marque d'un point la syllabe où j'entends /m/.**

3 **Je dis le nom. J'entoure quand j'entends /m/.**

manège

ampoule

musicien

locomotive

pompier

4 **J'épèle avec le nom des lettres et j'écris.**

ma .... ma

mi .... mi

mu .... mu

5 **Je complète avec ma, mi ou mu.**

che____née

____rionnette

four____

____guet

3 Je découvre des mots outils.

MANUEL p. 16

Date :

1 J'imagine une chambre avec ces objets. Je la décris.

J'utilise : sur – sous – dans.

Dans la chambre, il y a :

2 Je dessine la chambre que j'ai imaginée.

camion
camion

chaise
chaise

domino
domino

table
table

lit
lit

panier
panier

poupée
poupée

téléphone
téléphone

3 J'écris une comptine.

Date : ....

lama
lama

souris
souris

canard
canard

éléphant
éléphant

La comptine des prénoms

Léonard a ______________________ .

Marie a ______________________ .

Lola a ______________________ .

Clément a ______________________ .

Je continue la comptine avec mon prénom et celui d'un ami ou d'une amie. Je dessine.

______________________ .

______________________ .

J'apprends à connaitre la langue écrite.

Date : ....

1 Combien y a-t-il de mots dans cette phrase ?
J'écris le nombre de mots.

Mamie Suzon est championne en couture. ...... mots

2 Je relie les deux écritures du même mot.

mamie •	• micro
ruban •	• mamie
musicien •	• ruban
micro •	• musicien

3 Je remets les syllabes dans l'ordre et j'écris le nom.

cro cro — mi mi

ban ban — ru ru

ma ma — pu pu

Où en suis-je ?

1 J'écris les syllabes que le maitre dicte.

2 J'entoure le mot que le maitre dicte.

ami - puma - tatami - midi - lunettes

Je comprends l'histoire lue.

Lundi : Agathe retrouve Lola Catastrophe.

MANUEL p. 18

Date : ....

1 **Avec quels objets Lola a-t-elle eu des malheurs ?**
Je colorie les dessins qui répondent à la question.

2 **Où Lola a-t-elle eu des malheurs ?**
J'entoure les dessins qui répondent à la question.

1

2

3

4

5

6

4 J'étudie /l/.

vélo ballon

vélo ballon

Date : ....

1 J'écoute et je coche la case si j'entends /l/.

1 ☐ 2 ☐ 3 ☐ 4 ☐ 5 ☐ 6 ☐ 7 ☐ 8 ☐ 9 ☐ 10 ☐

2 Je marque d'un point la syllabe où j'entends /l/.

3 Je recopie les mots où j'entends /l/.

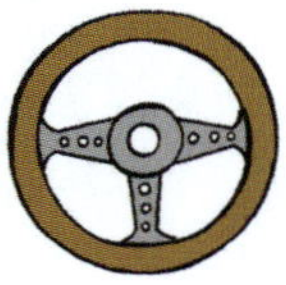

volant

volant

collier

collier

bague

bague

balançoire

balançoire

hibou

hibou

4 J'épèle avec le nom des lettres et j'écris.

li . . . li il . . . il

la . . . la lu . . . lu

Je comprends l'histoire lue.

Mardi : encore des catastrophes.

MANUEL p. 20

Date : ....

1 Je barre les mots qui font perdre au jeu du chapeau.

escargot
escargot

bonbon
bonbon

orange
orange

lavabo
lavabo

tableau
tableau

poupée
poupée

poisson
poisson

seau
seau

Je recopie les mots qui font gagner au jeu du chapeau.

La machine de Léonard

ÉPISODE 3

✱ J'écoute bien les explications de Léonard et je dessine la machine empêcheuse de catastrophes.

4 J'étudie /o/ et /ɔ/.

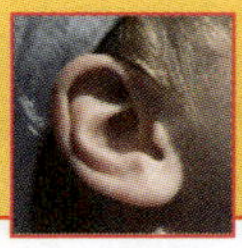  

oreille préau rideau
oreille préau rideau

Date : ....

1 J'écoute et je coche la case si j'entends /o/ ou /ɔ/.

1 ☐ 2 ☐ 3 ☐ 4 ☐ 5 ☐ 6 ☐ 7 ☐ 8 ☐ 9 ☐ 10 ☐

2 Je marque d'un point la syllabe où j'entends /o/ ou /ɔ/.

3 Comme Théo, j'écris le chant du coq.

4 Je complète avec o, au ou eau.

oiseau
oiseau

un ois______

une l c m tive

un pinc______

un ______t bus

pinceau
pinceau

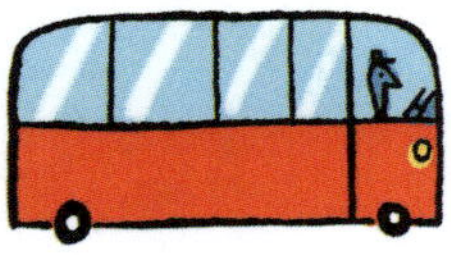

autobus
autobus

locomotive
locomotive

Je sais écrire sans me répéter.

MANUEL p. 22

Date : ....

Les mots *il* **et** *elle* **ont disparu ! Je les remets à leur place.**

1. Lola a sali l'album de Laura,
_______ a aussi sali son pull.

2. Théo est rigolo,
_______ a du chocolat sur les oreilles.

À côté de chaque dessin, je recopie la phrase qui lui correspond.

4 J'écris une comptine.

Date : ……………………………………………

Drôles de bobos !

hibou

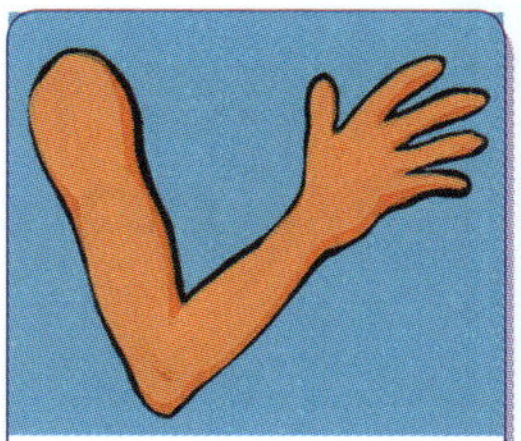
bras

Le hibou a mal au cou.

Le chameau

chameau

cou

L'araignée

Le

araignée

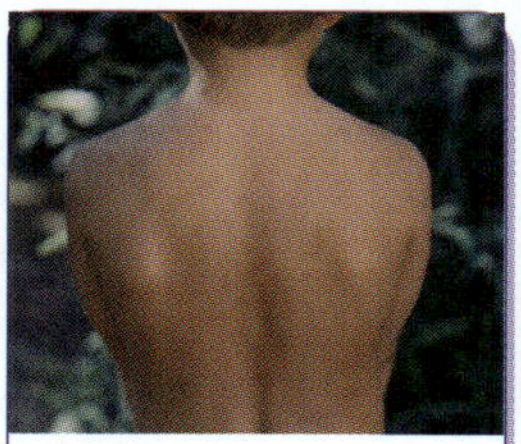
dos

Le poisson

puma

poisson

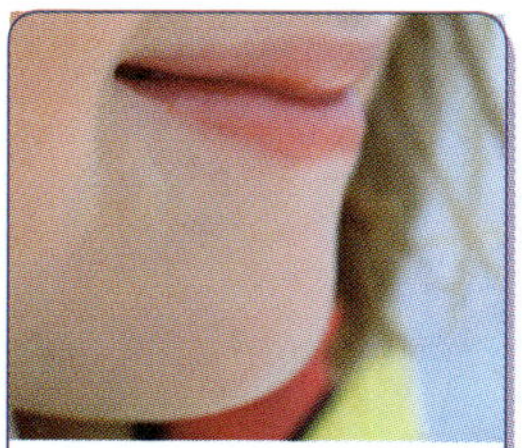
menton

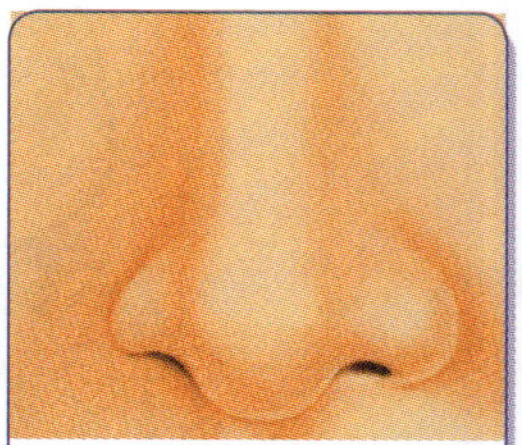
nez

4 J'apprends à connaitre la langue écrite.

Date : ....

1 **Combien y a-t-il de mots dans cette phrase ?**
J'écris le nombre de mots.

Léonard a mille idées dans sa tête. ...... mots

2 **Je relie les deux écritures du même mot.**

Laura	lit	ballon	rideau
ballon	*Laura*	*rideau*	*lit*

3 **Je remets les syllabes dans l'ordre et j'écris le nom.**

au / *au*

to / *to*

....

cho / *cho*

lat / *lat*

co / *co*

....

rie / *rie*

ta / *ta*

o / *o*

....

Où en suis-je ?

1 **J'écris les syllabes que le maitre dicte.**

....

2 **J'entoure le mot que le maitre dicte.**

moto - vélo - ballon - pull - rideau - chocolat

5 Je comprends l'histoire lue.

Mercredi : Agathe va au centre de loisirs.

MANUEL p. 24

Date : ....

1 **Qu'a fait Agathe le mercredi ?**
Je colorie les dessins qui répondent à la question.

2 **Je relie d'un trait les mots que l'on peut confondre.**

chapeau
chapeau

mouton
mouton

barrette
barrette

radeau
radeau

baguette
baguette

chameau
chameau

rideau
rideau

bouton
bouton

Je recopie deux mots que l'on peut confondre.

5 J'étudie /R/.

robot marron

robot marron

Date : ....

1 **J'écoute et je coche la case si j'entends /R/.**

1 ☐ 2 ☐ 3 ☐ 4 ☐ 5 ☐ 6 ☐ 7 ☐ 8 ☐ 9 ☐ 10 ☐

2 **J'entoure les mots où j'entends /R/.**

soleil

tambour

mercredi

mercredi

piano

rideau

3 **Je marque d'un point la syllabe où j'entends /R/.**

4 **J'écris.**

ri . . . ri   ru . . . ru

ro . . . ro   or . . . or

5 **Je complète avec ra ou ar.**

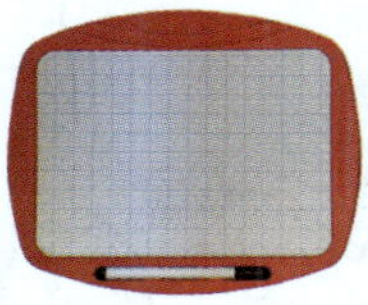
___doise

___dis

___mure

pa___pluie

Je comprends l'histoire lue.

Jeudi : que se passe-t-il à la cantine ?

MANUEL p. 26

Date :

1 J'écris le menu dans l'ordre.

Menu

ou

~

~

ou

côtelette et petits pois
côtelette et petits pois

yaourt à la cerise
yaourt à la cerise

melon
melon

radis
radis

yaourt au pamplemousse
yaourt au pamplemousse

Agathe a trop mangé.

ÉPISODE 3

✱ Que fait Agathe après la cantine ?
Je colorie le dessin qui répond à la question.

5 J'étudie /ə/.

melon
melon

Date :

1 J'écoute et je coche la case si j'entends /ə/.

1	2	3	4	5	6	7	8	9	10
☐	☐	☐	☐	☐	☐	☐	☐	☐	☐

2 Je trace un chemin qui passe par les mots où j'entends /ə/.

 cheval cheval	 bougie bougie	 panda panda	 dragon dragon
 grenouille grenouille	 renard renard	 cheminée cheminée	 fourmi fourmi
 pie pie	 fusée fusée	 fenêtre fenêtre	 marguerite marguerite

Je recopie les mots dans l'ordre du chemin.

cheval –

– marguerite

3 J'écris.

le . . . le   me . . . me

re . . . re   te . . . te

Je découvre la phrase.

MANUEL p. 28

Date :

1 **Je recopie la phrase.**
Je mets une majuscule au début et un point à la fin.

on a mis les marrons dans un sac

2 **Je sépare les phrases par un trait.**

Les amis, Théo n'est pas à l'école. Il est malade.

Il a mal à l'oreille. Il est au lit.

Je compte les phrases.

Dans ce texte, il y a ____________ phrases.

5 J'écris une phrase pour chaque dessin.

Date :

5 J'apprends à connaitre la langue écrite.

Date : ....

1 La syllabe qui manque est la même dans chaque colonne. Je l'écris.

hé_____sson 

_____deau 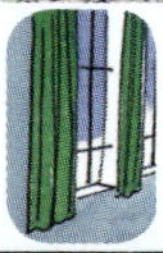

cana_____ 

_____binet 

_____bot 

numé_____ 

camé_____ 

pa_____pluie 

_____cine 

2 Je sépare les mots par un trait.

Le jeudi Léonard va à la cantine.

LejeudiLéonardvaàlacantine.

Je recopie la phrase. Je n'oublie pas les blancs entre les mots.

L_______________________________________

3 Je souligne la phrase qui est vraie.

Le mercredi, Marie va à l'école.

Le mercredi, Marie ne va pas à l'école.

Où en suis-je ?

1 J'écris les syllabes que le maitre dicte.

____

2 J'entoure le mot que le maitre dicte.

robot - melon - marron - pamplemousse - cerise

6 Je comprends l'histoire lue.

Vendredi : on chante à la chorale.

MANUEL p. 30

Date : ....

1 J'entoure le cadeau que Loumia a reçu pour son anniversaire.

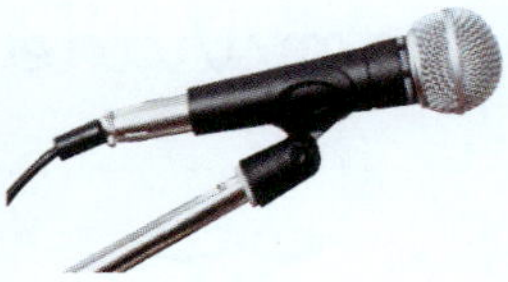

2 J'entoure le visage de Loumia qui ne va pas avec l'histoire.

3 Que se passe-t-il à la fin ?

J'écris *fin* sous le dessin qui répond à la question.

6 Je découvre les syllabes écrites.

Date : ....

1 **Je dis les mots : je prononce les syllabes écrites.**
J'écris les mots à leur place dans le tableau.

nuage – lune – larme – mare – locomotive
camarade – cabane – salade – limonade

	nuage		

2 **J'écris la fin du nom.**
Je recopie la bonne syllabe : re – me – te – le – ce.

plu ....

pi ....

armu ....

pira ....

lima ....

3 **J'écris.**

Je me lave.

J

Je ne me lave pas.

J

Je comprends l'histoire lue.

Samedi : c'est l'anniversaire de Marine.

MANUEL p. 32

Date :

1 Je recopie la phrase qui est vraie.

Le papa et la maman de Marine ont une épicerie.

Le papa et la maman de Marine ont un supermarché.

L

2 Je colorie le dessin qui correspond à l'histoire.

Le cadeau de Marine

✱ J'écris Marine sous le dessin de son cadeau.

ÉPISODE 3

6 J'étudie /s/.

samedi citron poisson glaçon

samedi citron poisson glaçon

Date :

1 Je coche la case si j'entends /s/.

1	2	3	4	5	6	7	8	9	10
☐	☐	☐	☐	☐	☐	☐	☐	☐	☐

2 J'écris le nom sous chaque image.

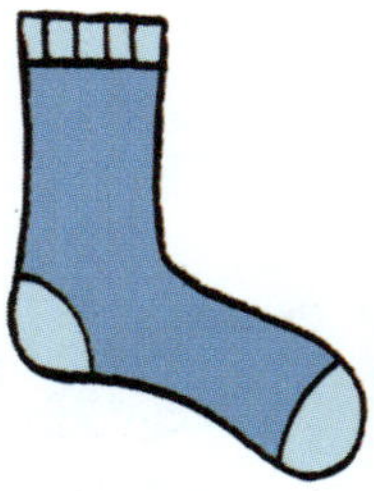

salade
salade

citron
citron

balançoire
balançoire

rhinocéros
rhinocéros

pinceau
pinceau

hameçon
hameçon

ours
ours

chaussette
chaussette

saucisson
saucisson

Dans la liste, j'entoure les lettres qui écrivent /s/.
Je prends un crayon bien taillé.

6 J'écris une phrase longue.

MANUEL p. 34

Date : ....

Ludo joue.

1 Je récris la phrase en ajoutant des précisions.

2 Je colorie les parties du dessin dont je parle dans ma phrase.

6 Je raconte la semaine d'Agathe.

Date :

Lundi,

Mardi,

Mercredi,

Jeudi,

Vendredi,

Samedi,

6 J'apprends à connaitre la langue écrite.

Date :

1 Je relie les écritures de la même syllabe.

ne	me	te
ME	le	me
te	re	LE
re	NE	RE
le	TE	ne

2 Je lis les mots. Je cherche leur syllabe commune. Je la recopie.

melon rame samedi
melon rame samedi

3 Je remets les syllabes dans l'ordre et j'écris les noms.

plu plu — me me

pi pi — rie rie

ce ce — é é

ma ma — las las — te te

Où en suis-je ?

✱ J'écoute les mots que le maitre dit. J'écris la dernière syllabe.

por — lu — lar — armu — paro

Je comprends l'histoire lue.

En classe, on parle de l'amitié.

MANUEL p. 36

Date : ....

1 Je pense à la journée de Marion.
Je numérote les dessins dans l'ordre de l'histoire.

Marion dit : « C'est moi ».

Marion vole les biscuits de Léa.

Marion donne les biscuits à Dorothée.

Je complète les phrases.

Avant la récréation,

Après la récréation,

2 Je colorie le dessin qui montre ce qui se passera demain à l'école.

7 J'étudie /n/.

nid couronne
nid couronne

Date :

1 J'écoute et je coche la case si j'entends /n/.

1 ☐ 2 ☐ 3 ☐ 4 ☐ 5 ☐ 6 ☐ 7 ☐ 8 ☐ 9 ☐ 10 ☐

2 Je recopie les mots où j'entends /n/.

nuage

pinceau

lundi
lundi

marionnette

piano

3 J'écris le nom sous chaque image.

renard renard	domino domino	macaroni macaroni	canard canard	ananas ananas	niche niche

le

des

7 Je comprends l'histoire lue.

Agathe fait son autoportrait.

MANUEL p. 38

Date : ....

1 Avec qui Agathe vit-elle à la maison ?
Je colorie le dessin qui répond à la question.

1

2

3

4

2 Je recopie les deux phrases du vrai portrait d'Agathe.

1. J'adore jouer au loup et à saute-mouton.
2. Il y avait des photos de moi dans le journal.
3. Je dis « coucou ! » à mes amis.

Au revoir, Agathe. À bientôt !

✱ Le maitre lira-t-il une histoire d'Agathe la semaine prochaine ?

oui ☐ non ☐

ÉPISODE 3

7 J'étudie /u/.

hibou
hibou

Date : ....

1 **J'écoute et je coche la case si j'entends /u/.**

1	2	3	4	5	6	7	8	9	10
☐	☐	☐	☐	☐	☐	☐	☐	☐	☐

2 **Je marque d'un point la syllabe où j'entends /u/.**

fourmi

moulin

tabouret

bougie

autoroute

J'entoure les lettres qui écrivent /u/.

3 **Je place les noms des parties du corps.**

le cou le cou	la bouche la bouche	la joue la joue	le pouce le pouce	le coude le coude	le genou le genou

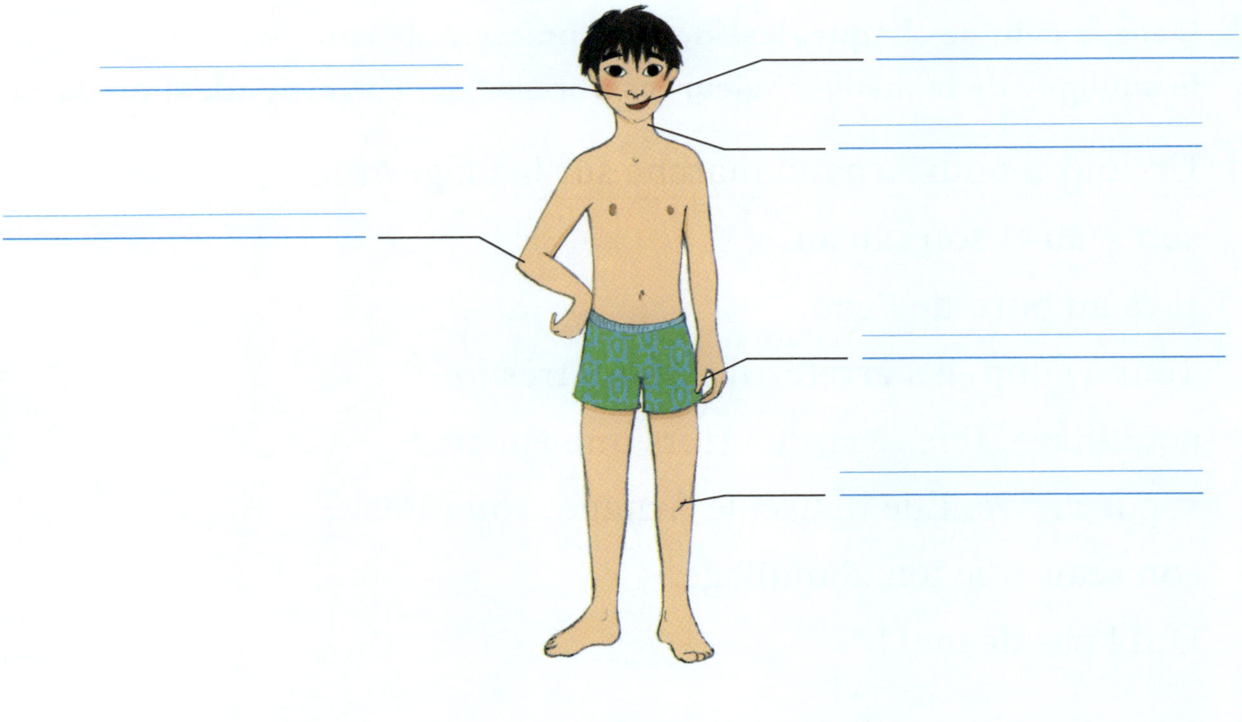

Je découvre le texte.

MANUEL p. 40

Date :

Dans le coin de chaque dessin, il y a un carré de couleur.
Je souligne de la même couleur les phrases qui correspondent au dessin.

Un jour à midi Arnaud marche sur la plage avec son seau et son râteau.
Il va au bord de l'eau.
Tout à coup, il s'arrête : il a vu un très joli coquillage. Il le regarde. Alors une énorme vague arrive. Elle bouscule Arnaud, son râteau, son seau et le joli coquillage.
Ouf ! pas de mal !

Je raconte une histoire en images.

Date : ....

Aujourd'hui

Tout à coup

Alors

Maintenant

7 J'apprends à connaitre la langue écrite.

Date :

1 Je lis le texte. Je recopie la première phrase.

Samedi, Tom est allé dans la forêt.
Il a ramassé des marrons et des mures. Il a sali son pull.

2 Je remets les mots en ordre pour écrire une phrase.
Je n'oublie pas le point à la fin de la phrase.

Le	sur	a	couru	colline	loup	la
Le	sur	a	couru	colline	loup	la

J'entoure le dessin qui correspond à la phrase.

Où en suis-je ?

1 J'écris les syllabes que le maitre dicte.

2 J'entoure le mot que le maitre dicte.

jour - caribou - couronne - copine - mouton

8 Je comprends l'histoire lue.

Le vieil homme de la forêt (1)

Manuel p. 42

Date : ....

1 Je colorie les amis du vieil homme de la forêt.

2 Je numérote les dessins dans l'ordre de l'histoire.

3 Je coche quand je reconnais les lutins de l'histoire.

8 J'étudie /e/.

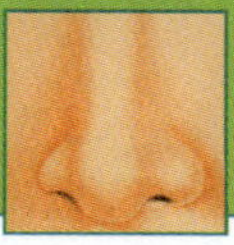

vélo saluer nez cheminée

vélo saluer nez cheminée

Date : ....

1 **Je coche la case si j'entends /e/.**

1 ☐ 2 ☐ 3 ☐ 4 ☐ 5 ☐ 6 ☐ 7 ☐ 8 ☐ 9 ☐ 10 ☐

2 **Je lis les noms. Je recopie chaque nom à sa place dans le tableau.**

un panier

une poupée

un rocher

un bébé

la cheminée

le nez

une bouée

l'amitié

un atelier

un marié

une mariée

un carré

Le nom se termine par é.	Le nom se termine par ez.	Le nom se termine par er.	Le nom se termine par ée.

8 Je comprends l'histoire lue.

Le vieil homme de la forêt (2)

Manuel p. 44

Date :

1 **Comment le chasseur était-il habillé quand il a vu le spectacle ?**
Je coche le dessin qui répond à la question.

 ☐

 ☐

 ☐

2 **Combien d'animaux artistes le chasseur a-t-il vus ?**
J'entoure le nombre qui répond à la question.

Le chasseur a vu 1 2 3 4 5 6 animaux artistes.

3 **Je recopie la phrase qui va bien dans l'histoire.**

1. Un jour, un chasseur tua le lapin et le renard.
   Un jour, un chasseur tua le lapin et le renard.
2. Un jour, le vieil homme donna de l'eau à un chasseur égaré.
   Un jour, le vieil homme donna de l'eau à un chasseur égaré.
3. Un jour, un chasseur ramassa des champignons sur le sentier.
   Un jour, un chasseur ramassa des champignons sur le sentier.

8 J'étudie /ʃ/.

chapeau
chapeau

Date : ....

1 Je coche la case si j'entends /ʃ/.

1 ☐ 2 ☐ 3 ☐ 4 ☐ 5 ☐ 6 ☐ 7 ☐ 8 ☐ 9 ☐ 10 ☐

2 Je découpe les mots en syllabes écrites ‿ .
Je marque d'un point l'endroit de la syllabe où j'entends /ʃ/.

3 J'écris le nom sous chaque image.

l' ____________

le ____________

____

____

____

____

niche niche
artichaut artichaut
louche louche
chaussette chaussette
chat chat
ruche ruche

4 Je complète avec che, cha **ou** chi.

une mou ______

une ma ______ ne

un ______ meau

un ______ peau

un ______ val

un ca ______ lot

8 J'écris les noms au singulier et au pluriel.

MANUEL p. 46

Date : ....

Je regarde les dessins et je complète les phrases.

cheval - couronne - journal
moto - lapin - balançoire

1. Il y a ____________ sur le lit.

2. Le renard chasse ____________.

3. ____________ est dans l'écurie.

4. Léna joue à ____________ avec Charles.

5. Mamadou lit ____________.

6. Regarde ____________ dans la rue.

8 J'écris la liste de mes secrets.

Date : ....

J'ai une boite à secrets.
Voici ce que j'y mets :

8 J’apprends à connaitre la langue écrite.

Date : ....

1 Je relie les écritures du même mot.

manche	hérisson	semoule	marcher
hérisson	*marcher*	*manche*	*semoule*

2 Je colorie la syllabe que j’entends dans tous les noms de la ligne.

mé
ré
lé
sé

ri
ci
ce
mi

3 Je mets les lettres en ordre pour répondre aux devinettes.

o v l é Il a deux roues et des pédales : ____________

é c h i m e n e Elle fume sur le toit : ____________

z n e Il a deux narines : ____________

Où en suis-je ?

1 J’entoure le mot que le maitre dicte.

dimanche - renard - vélo - chut - opéra - lapin

2 J’écris les mots que le maitre dicte.

MANUEL p. 48

Date :

1 Je colorie les animaux de la forêt qui mangent d'autres animaux.

2 Je recopie les deux phrases qui sont vraies.

1 Le renard mange des mulots.
Le renard mange des mulots.

2. Le loir dort tout l'été.
Le loir dort tout l'été.

3. L'écureuil saute d'une branche à l'autre.
L'écureuil saute d'une branche à l'autre.

4. Le terrier du lapin est au milieu de la forêt.
Le terrier du lapin est au milieu de la forêt.

3 Comment le loir passe-t-il l'hiver ?
J'écris une phrase pour répondre à la question.

9 J'étudie /ε/.

flèche tête mercredi
flèche tête mercredi

Date : ....

1 J'écoute et je coche la case si j'entends /ε/.

1 ☐ 2 ☐ 3 ☐ 4 ☐ 5 ☐ 6 ☐ 7 ☐ 8 ☐ 9 ☐ 10 ☐

2 Je recopie les mots où j'entends /ε/.

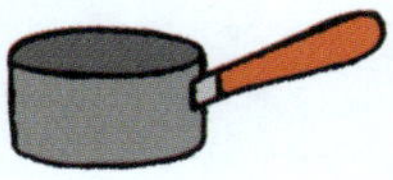

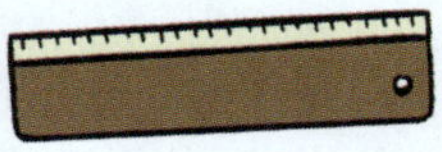

serpent fenêtre casserole marionnette règle

3 J'écris le nom sous chaque image.

lunettes - mer - sel - arête - sirène - pièce

une ....

....

Date : ....

1 **Que fait la chouette pendant la journée ?**
Je complète la phrase pour répondre à la question.

Pendant la journée, ______________________________

____

2 **Que mangent ces animaux ? Je complète les phrases.**

1. La chouette ______________________________.

2. La chauve-souris ______________________________.

3 **Je me rappelle les deux textes lus.**
J'écris le nom de chaque animal.

le ____________

____

____

____

____

____

9 Je ne confonds pas /ʃ/ et /s/.

Date :

1 **Je lis les mots. Je les écris à leur place dans le tableau.**

pouce
pouce

os
os

champignon
champignon

garçon
garçon

niche
niche

chaussure
chaussure

ruche
ruche

castor
castor

chasseur
chasseur

moustache
moustache

J'entends /ʃ/.	J'entends /s/.	J'entends /ʃ/ et /s/.

2 **Je recopie la phrase qui correspond au dessin.**

1. Ludo a cassé son camion.
Ludo a cassé son camion.

2. Ludo a caché son camion.
Ludo a caché son camion.

L

9 J'écris sans me répéter.

Manuel p. 52

Date :

Je recopie chaque phrase à sa place.

1. Ils cherchent des escargots.
   Ils cherchent des escargots.
2. Elles vont chasser les mulots et les souris.
   Elles vont chasser les mulots et les souris.
3. Il cherche de la nourriture.
   Il cherche de la nourriture.

La nuit, le lapin sort du terrier.

Les chouettes sortent du nid.

Des hérissons remuent la mousse.

9 Je présente un animal de la forêt.

Date : ....

1 **J'écris le nom de l'animal.**
Je le décris : je dis comment il est.
Je dis où il vit.
Je dis comment il se nourrit.

2 **J'illustre mon texte :**
je dessine,
ou je colle une image découpée,
ou je colle une photo.

9 J'apprends à connaitre la langue écrite.

Date : ....

1 **Je prononce les syllabes encadrées.**
Je relie chaque syllabe aux mots la qui contiennent.
Attention aux pièges !

chaussure •	r–a	• chameau
rame •		• armure
cachalot •	ch–a	• caramel

2 **Avec la première syllabe de chaque mot, j'écris un mot nouveau.**

chameau
louche
peluche

3 **Je mets les mots en ordre pour écrire une phrase.**
Je n'oublie pas le point.

chouette | les | chasse | La | souris

Où en suis-je ?

1 **J'écris les syllabes que le maitre dicte.**

2 **Je complète les phrases avec les mots que le maitre dicte.**

Il y a __________ sur __________ de la cour.
Théo __________ dans la forêt.

10 Je comprends l'histoire lue.

Quand je serai grand, je serai… pompier. (1)

MANUEL p. 54

Date : ....

1 **Je colorie le dessin qui correspond au début de l'histoire.**

2 **Je recopie le numéro qu'il faut composer pour appeler les pompiers.**

11 - 22 - 10 - 08 - 18 - 00 ……

3 **Je recopie la phrase qui est vraie.**

1. Dans le zoo, la fumée panique les animaux.

Dans le zoo, la fumée panique les animaux.

2. Dans le zoo, la fumée ne panique pas les animaux.

Dans le zoo, la fumée ne panique pas les animaux.

4 **C'est l'incendie. Que font les hippopotames et les crocodiles ?**
Je coche le dessin qui répond à la question.

10 J'étudie /p/.

pompier hippopotame

pompier hippopotame

Date : ....

1 J'écoute et je coche la case si j'entends /p/.

1 ☐ 2 ☐ 3 ☐ 4 ☐ 5 ☐ 6 ☐ 7 ☐ 8 ☐ 9 ☐ 10 ☐

2 Je recopie les mots où j'entends /p/.

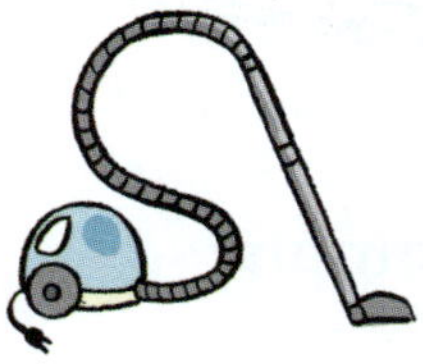
aspirateur

hélicoptère

téléphone

sirop

piano

3 J'entoure les lettres qui écrivent le son /p/.

d P b p p B D q P q d p b P

4 J'écris le nom sous chaque image.

panneau / panneau — pie / pie — plume / plume — poupée / poupée — slip / slip — épine / épine

la ....

un ....

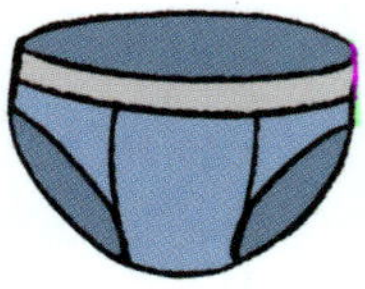
....

....

....

....

Je comprends l'histoire lue.

Quand je serai grand, je serai... pompier. (2)

MANUEL p. 56

Date : ....

1 Je recopie la phrase qui est vraie.

1. Manon est à la porte du zoo.
Manon est à la porte du zoo.

2. Manon n'est pas à la porte du zoo.
Manon n'est pas à la porte du zoo.

2 Dans chaque image il y a une erreur. Je la cherche et je l'entoure.

3 Je recopie la partie de la phrase qui dit où est Côme.

Côme est assis dans le camion.
Côme est assis dans le camion.

ÉPISODE 3

✱ Comment les trois amis rentrent-ils chez eux ?
Je colorie le dessin qui répond à la question.

10 J'étudie /ɛ/.

capitaine

baleine

bonnet

capitaine baleine bonnet

Date : ....

1 **J'écoute et je coche la case si j'entends /ɛ/.**

1 ☐ 2 ☐ 3 ☐ 4 ☐ 5 ☐ 6 ☐ 7 ☐ 8 ☐ 9 ☐ 10 ☐

2 **Je recopie les mots où j'entends /ɛ/.**

balai balai

bracelet bracelet

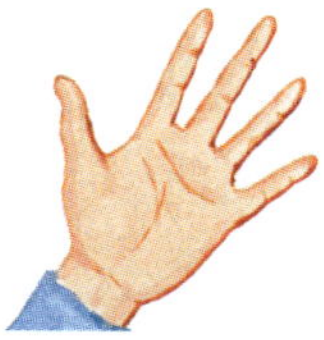

main main

porte porte

reine reine

3 **Je lis les mots. Je recopie chaque mot à sa place.**

è	ê

et	ai

ei	e

semaine

lacet

chalet

manège

père

seize

veste

pêche

caramel

treize

baleine

éclair

mer

Date : ....

Je complète les phrases : j'écris les verbes.

arrête	arrive	ramasse	regarde	saute	traverse
arrête	arrive	ramasse	regarde	saute	traverse

1. Aminata ________________ des marrons dans la forêt.

2. Le policier ________________ les autos.

3. Le chat ________________ sur le mur.

4. L'autobus ________________ à son arrêt.

5. Samuel ________________ à droite et à gauche.
Puis il ________________ la rue.

10 Je résume l'histoire.

Date :

10 J'apprends à connaitre la langue écrite.

Date : ....

1 Je remets les mots en ordre pour écrire une phrase.
Je n'oublie pas le point à la fin.

a | crocodile | l'eau | la | Le | sous | tête

2 Je recopie la deuxième phrase.

Côme presse le bouton vert. La sirène hurle.
Le capitaine des pompiers arrive.

3 Dans chaque colonne, je découpe les mots en syllabes écrites.
Je cherche la syllabe commune. Je recopie les deux écritures de la syllabe.

lacet / lacet | anniversaire / anniversaire

_____ – _____

colère / colère | baleine / baleine

_____ – _____

Où en suis-je ?

✱ J'écris les mots que le maitre dicte.

__________ dernière, un __________
est arrivé sur __________ .
Il y avait __________ chevaux
et six __________ .

semaine
auto
manège
seize
place

J'écoute, je lis, je comprends.

Le boulanger

MANUEL p. 60

Date :

1 Dans quel ordre le boulanger travaille-t-il ?
Je recopie le texte qui répond à la question.

1. Le boulanger met les baguettes dans le four.
Puis il prépare les brioches.

2. Le boulanger prépare les brioches.
Puis il met les baguettes dans le four.

L

2 Je recopie le nom du gâteau que Boris mangera pour son anniversaire.

un pain au chocolat

une brioche

une buche au chocolat

une tartelette aux abricots

3 Je réfléchis et je complète.

La boutique du boulanger s'appelle ________.

La boutique du boucher s'appelle ________.

J'étudie /b/.

boule
boule

Date : ....

1 J'écoute et je coche la case si j'entends /b/.

1 ☐ 2 ☐ 3 ☐ 4 ☐ 5 ☐ 6 ☐ 7 ☐ 8 ☐ 9 ☐ 10 ☐

2 Je marque d'un point l'endroit de la syllabe où j'entends /b/.

3 J'entoure les lettres qui écrivent le son /b/.

d B b l p B D q b q d p b P

4 J'écris le nom sous chaque image.

l' ____________

____

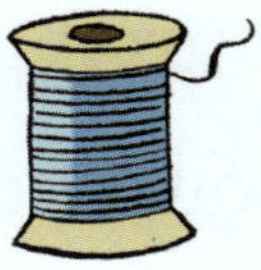
____

____

____

____

arbre
bretelles
bracelet
balai
bobine
tableau

5 Je complète avec ba, bu ou bou.

une ______nane une ______che un hi______

un ______reau une ca______ne un ta______ret

MANUEL p. 62

Date : ....

1 Je lis les phrases devinettes. J'écris le nom du métier.

maçon
maçon

marin pêcheur
marin pêcheur

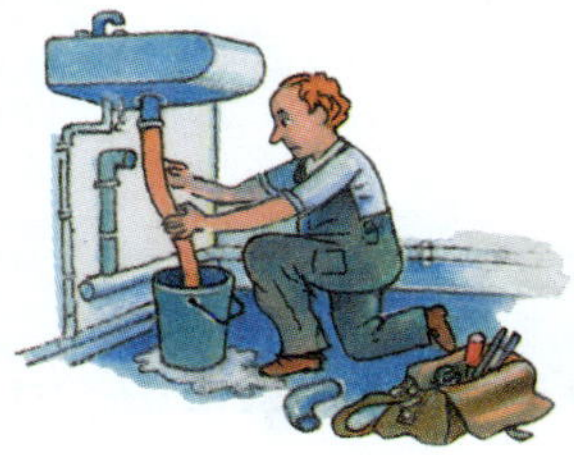
plombier
plombier

éboueur
éboueur

ambulancière
ambulancière

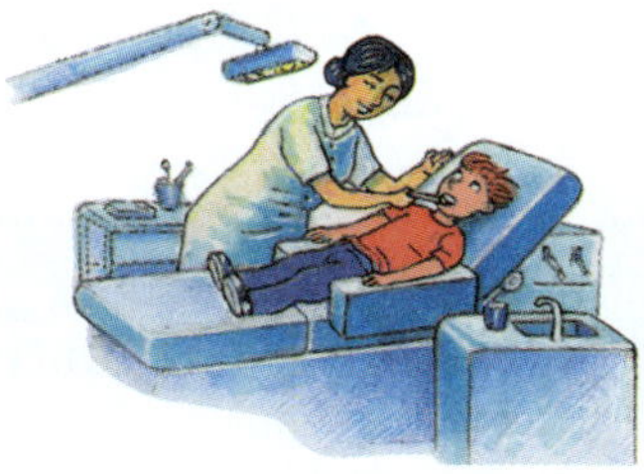
dentiste
dentiste

1. Il part en mer pour pêcher : le ____________________
2. Sans lui, il n'y aurait pas de maisons : ____________________
3. Il ramasse les poubelles : ____________________
4. Elle emmène les blessés à l'hôpital : ____________________
5. On va chez elle si on a mal à une dent : ____________________
6. On l'appelle pour réparer les robinets : ____________________

2 Je complète les phrases avec un verbe.

débouche - prépare - ramène

1. Le maçon ____________ le béton.
2. Le plombier ____________ le lavabo.
3. Le marin pêcheur ____________ sa pêche au port.

11 J'étudie /ɑ̃/.

décembre

manteau	enfant	chambre	décembre
manteau	enfant	chambre	décembre

Date : ....

1 J'écoute et je coche la case si j'entends /ɑ̃/.

1 ☐ 2 ☐ 3 ☐ 4 ☐ 5 ☐ 6 ☐ 7 ☐ 8 ☐ 9 ☐ 10 ☐

2 Je marque d'un point l'endroit de la syllabe où j'entends /ɑ̃/.

3 Je barre les mots quand je n'entends pas /ɑ̃/.

une banane – enrouler – le renard – une auto – remplir

dimanche – un ami – novembre – un caramel – ramper

4 J'écris le nom sous chaque image.

la ....

....

....

....
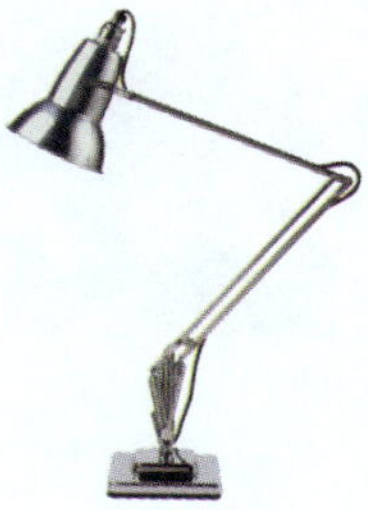
....

....

lampe
pansement
mandarine
branche
ampoule
trampoline

11 J'écris les verbes au singulier et au pluriel.

Manuel p. 64

Date : ....

J'observe les dessins. J'écris les phrases dans la colonne de droite.

Le pompier arrose
les flammes.

L'astronaute marche
sur la lune.

L'avion arrive sur la piste.

Le maraicher ramasse
des salades.

11 Je présente un métier.

Date : ……………………………………………………………………

Je présente le travail des maraichers. J'écris une phrase pour chaque dessin.

des noms pour t'aider	des verbes pour t'aider
les graines – la terre une salade – une carotte un camion – les légumes le marché	ils sèment – ils arrosent ils ramassent – ils chargent ils arrivent – ils étalent ils vendent

1. Les maraichers ……………………………………………

2. ……………………………………………

3. ……………………………………………

4. ……………………………………………

5. ……………………………………………

6. ……………………………………………

11 J'apprends à connaitre la langue écrite.

Date : ....

1 Je découpe les mots en syllabes écrites : je trace les vagues.
Dans chaque vague, je fais un point pour chaque son que j'entends.

banane	plume	pomme	chaussure	bureau

2 Je découpe les mots en syllabes écrites. J'écris une syllabe par case.

buche				
ambulance				
dimanche				

3 Je mets les lettres en ordre pour écrire le mot qui répond à la devinette.

e l e p l Elle sert à mettre le pain au four : ______

a l i b a Il sert à enlever la poussière : ______

b c e h u C'est un morceau de bois ou un gâteau : ______

Où en suis-je ?

1 J'écris les syllabes que le maitre dicte.

______

2 J'entoure les mots que le maitre dicte.

brioche - branche - lampe - boule

3 Je souligne la phrase que le maitre dicte.

1. Le chat marche sur le mur. 2. Les chats marchent sur le mur.

12 J'écoute, je lis, je comprends.

Noël en Europe (1)

MANUEL p. 66

Date : ....

1 Où voit-on ces décorations en France ? Je relie les images et les noms de lieux.

les portes — les arbres — les magasins — les places

2 Que voit-on devant les maisons en Norvège ?
J'entoure les bonnes réponses.

1. une couronne sur la porte
2. des bouquets de tulipes
3. des torches
4. un bouc en paille
5. des gerbes de blé
6. une chaussette

3 J'écris le nom des décorations. Je m'aide de mon manuel.

une ______________

____

____

____

____

____

12 J'étudie /t/.

tulipe
tulipe

hotte
hotte

Date : ....

1 J'écoute et je coche la case si j'entends /t/.

1 ☐ 2 ☐ 3 ☐ 4 ☐ 5 ☐ 6 ☐ 7 ☐ 8 ☐ 9 ☐ 10 ☐

2 Je recopie les mots où j'entends /t/.

aspirateur

poulet

hélicoptère

téléphone

$$\begin{array}{r} 12 \\ +\ 15 \\ \hline \end{array}$$

addition

3 J'écris le nom sous chaque image.

locomotive	tente	botte	bouton	lunettes	castor
locomotive	tente	botte	bouton	lunettes	castor

Date :

1 **Que font les enfants anglais la veille de Noël ?**
Je recopie la bonne réponse.

Ils mettent leurs bottes devant la porte de leur chambre.	Ils suspendent des chaussettes au pied de leur lit.	Ils mettent leurs chaussures sous le sapin.

2 **Que se passe-t-il au Danemark le jour de Noël ?**
Je recopie la phrase qui donne la réponse.

1. Les parents et les enfants décorent la maison avec des lutins et des étoiles.
   Les parents et les enfants décorent la maison avec des lutins et des étoiles.
2. Les parents et les enfants dansent autour du sapin.
   Les parents et les enfants dansent autour du sapin.

12 Je ne confonds pas /p/ et /b/.

Date : ....

1 **Je lis les mots. Je les écris à leur place dans le tableau.**

paquebot *paquebot* | épée *épée* | brosse *brosse* | poubelle *poubelle* | panoplie *panoplie*

bébé *bébé* | pirate *pirate* | problème *problème* | pelle *pelle* | bol *bol*

J'entends /p/.	J'entends /b/.	J'entends /p/ et /b/.

2 **Je recopie le mot qui va bien avec la phrase et le dessin.**

palais – balai

La sorcière part sur son ____________.

boule – poule

Elle arrive ! Brrrrrrr ! J'ai la chair de ____________ !

12 Je classe les noms.

MANUEL p. 70

Date : ....

1 **Ludo et Leila ont classé des noms. Qu'ont-ils mis ensemble ? Je complète.**

desserts		
orange	manteau	cerisier
banane	pantalon	pommier
gâteau	chemise	sapin
glace	polo	marronnier
yaourt	robe	baobab

2 **Je complète les phrases.**

boisson – meuble – outil – oiseau

La limonade est ....

La table est ....

L'eau est ....

Le marteau est ....

Le lit est ....

Le canari est ....

3 **J'écris trois noms pour chaque classe.**

Métiers ....

Couleurs ....

Parties du corps ....

12 J'écris un jeu de mots.

Date : ....

Coucou !
J'ai inventé un jeu pour Noël.
Fais comme moi
avec ton prénom.

Attendre 

 **G**uirlande

Ange 

 **T**raineau

 **H**otte

Étoile 

12 J'apprends à connaitre la langue écrite.

Date : ....

1 Je découpe les mots en syllabes écrites : je trace les vagues. Dans chaque vague, je fais un point pour chaque son que j'entends.

locomotive	automate	torche	tambour

2 Je sépare les mots par un trait. Je récris la phrase.

Onmetunecouronnesurlaportedelamaison.

3 Je mets les lettres en ordre pour écrire le nom qui répond à la devinette.

o t e t u r — C'est un animal très lent : ____________

a t e r a u m — Il sert à planter les clous : ____________

Où en suis-je ?

1 J'entoure les syllabes que le maitre dicte.

1. bal - plan - brau - parb
2. tra - tar - tor - tro

2 Je complète avec les mots que le maitre dicte.

On décore ______ ______ avec des couronnes.

On installe des sapins dans les rues et ______ ______ ______.

On met ______ ______ et des étoiles sur ______ ______.

Date : ....

Quelles richesses les soldats rapportent-ils au roi ?
Je recopie au bon endroit. Je n'oublie pas le point à la fin de la phrase.

le plus beau vêtement
le plus beau vêtement

le bijou le plus riche
le bijou le plus riche

le plus beau tissu
le plus beau tissu

la vache la plus grasse
la vache la plus grasse

la plus jolie paire de chaussures
la plus jolie paire de chaussures

1. *Chez le cordonnier, ils choisissent*

2. *Chez le tisserand, ils emportent*

3. *Chez le tailleur, ils prennent*

4. *Chez l'orfèvre, ils choisissent*

5. *Chez le paysan, ils s'emparent de*

13 J'étudie /d/.

danser
danser

Date : ....

1 J'écoute et je coche la case si j'entends /d/.

1	2	3	4	5	6	7	8	9	10
☐	☐	☐	☐	☐	☐	☐	☐	☐	☐

2 Je recopie les mots où j'entends /d/.

sandale

renard

rond

dé

madeleine

3 J'écris le nom sous chaque image.

le ....

....

....

....

....

....

pédalo
dromadaire
cadenas
drapeau
guirlande
dune

4 Je complète avec da, de ou di.

une sala...... une san......le mar......
un pan...... un croco......le de la limona......

Date : ....

1 **Qui danse en premier (1), en second (2), en troisième (3), en dernier (4) ?**
J'écris les numéros dans les cases.

 ☐
 ☐
 ☐
 ☐

2 **J'écris** *oui* **ou** *non*.

1. La reine et les enfants du roi étaient habitués à s'amuser. ________
2. Le garçon a été nommé musicien du roi. ________
3. Le roi est resté triste. ________
4. Le père du garçon a été tué. ________

3 **J'explique comment le fils du paysan a payé l'impôt de son père.**

4 **Qu'est-ce que le roi offre aux ambassadeurs ?**
Je colorie le dessin qui répond à la question.

ÉPISODE 3

13 J'étudie /ɔ̃/.

garçon
garçon

trompette
trompette

Date : ....

1 J'écoute et je coche la case si j'entends /ɔ̃/.

1 ☐ 2 ☐ 3 ☐ 4 ☐ 5 ☐ 6 ☐ 7 ☐ 8 ☐ 9 ☐ 10 ☐

2 Je recopie les mots où j'entends /ɔ̃/.

un domino	un bouton	un citron	une tomate	un camion
un domino	un bouton	un citron	une tomate	un camion

3 J'entoure les lettres qui écrivent le son /ɔ̃/.

on   ou   on   mo   om   ou   no   no   on   uo   om

4 Je complète les noms avec les syllabes qui manquent.

un mou ....

un bou ....

un me ....

un .... pier

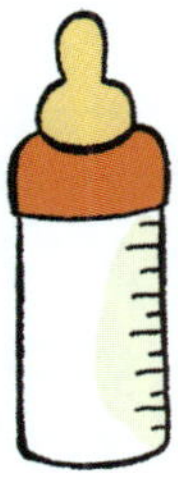

un bibe ....

un .... bon

une .... tre

un accordé ....

13 Je précise les noms avec des adjectifs.

Manuel p. 76

Date : ....

Je complète le dessin du dragon puis je le colorie. Je m'aide des mots. J'écris ce que j'ai choisi.

rouge — jaune — vert / verte — violet / violette — multicolore — rose

les écailles
- pointues
- rondes
- carrées

la langue
- fourchue
- pointue
- arrondie

les pattes
- droites
- tordues

la queue
- longue
- courte

les écailles ______________ et ______________

la langue ______________ et ______________

les pattes ______________________________

la queue ______________________________

13 J'écris le chemin pour sortir du labyrinthe.

Date : ....

J'écris dans l'ordre le nom de tout ce que je rencontre.
Je précise chaque nom par un adjectif.

Sur le chemin, je rencontre

______________________________, ______________________________,

______________________________, ______________________________,

______________________________ et ______________________________.

13 J'apprends à connaitre la langue écrite.

Date : ....

1 Je découpe les mots en syllabes écrites : je trace les vagues.
Dans chaque vague, je fais un point pour chaque son que j'entends.

pirate	tapis	rideau	dent	camarade

2 J'entoure le mot juste pour chaque image.

ardre
arbre
barbe

tulipe
tupile
pluie

3 Je change la première lettre pour trouver les autres mots.

	t	o	u	c	h	e
1. On l'ouvre pour parler et pour manger. →		o	u	c	h	e
2. On se met dessous pour se laver. →		o	u	c	h	e
3. Elle vole en bourdonnant. →		o	u	c	h	e
4. On l'utilise pour servir la soupe. →		o	u	c	h	e

Où en suis-je ?

1 J'écris les syllabes que le maitre dicte.

....

2 J'entoure les mots que le maitre dicte.

une mandoline – danser – un dromadaire – une ronde

3 J'écris la phrase que le maitre dicte.

Le roi se lève. ...., ...

MANUEL p. 78

Date :

1 Je coche les phrases qui sont vraies.

- ☐ Putilik habite dans un igloo.
- ☐ Dans le pays de Putilik, en hiver, il fait nuit à midi.
- ☐ Putilik va à l'école en bus.
- ☐ Putilik accompagne son papa à la chasse.
- ☐ Dans le pays de Putilik, il y a des fleurs en été.

2 Comment les Inuits se déplacent-ils ?

- **Je colorie les dessins qui donnent la réponse.**
- **J'écris le nom des moyens de transport. Je m'aide de mon manuel.**

3 À quel jeu Putilik joue-t-il avec ses amis ?

4 J'explique ce qu'est la nuit polaire.

14 J'étudie /k/.

cahier	phoque	kayak
cahier	phoque	kayak

Date : ....

1 **J'écoute et je coche la case si j'entends /k/.**

1 ☐ 2 ☐ 3 ☐ 4 ☐ 5 ☐ 6 ☐ 7 ☐ 8 ☐ 9 ☐ 10 ☐

2 **Je recopie les mots où j'entends /k/.**

cerceau

cabane

ciseaux

mercredi
mercredi

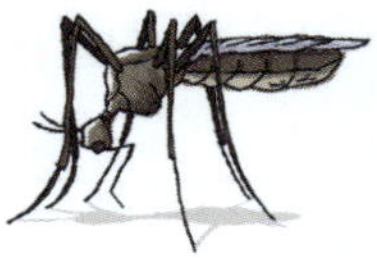
moustique

3 **J'écris le nom sous chaque image.**

bouquet
boulet

tube
cube

cage
sage

brique
brioche

casque
masque

balcon
ballon

4 **Je complète avec** car, cra, cor **ou** cro.

un es .... got — un .... codile

un .... paud — un .... beau

14 J’écoute, je lis, je comprends.

Yoko, enfant du Japon

MANUEL p. 80

Date :

1 Je coche les phrases qui sont vraies.

- ☐ Yoko habite dans une grande ville.
- ☐ Yoko apprend à écrire avec un pinceau.
- ☐ Les lettres japonaises ressemblent aux lettres françaises.
- ☐ Pour faire un origami, Yoko utilise du papier et des ciseaux.

2 Yoko a fait quatre origamis. J’écris leur nom.

3 Comment s’appelle la fête des petites filles ?

Quand a lieu la fête des petites filles ?

4 Quand a lieu la fête des garçons ?

5 Où se passent les fêtes ? Je complète.

La fête des filles se passe ……………

La fête des garçons se passe ……………

14 Je ne confonds pas /t/ et /d/.

Date :

1 Je lis les mots. Je les écris à leur place dans le tableau.

sardine sardine — tatami tatami — brochette brochette — pédale pédale — moutarde moutarde

radar radar — dentiste dentiste — tartine tartine — poutre poutre — dictée dictée

J'entends /t/.	J'entends /d/.	J'entends /t/ et /d/.

2 Je recopie le mot qui va bien avec la phrase et le dessin.

poudre – poutre

Denis marche sur la ______________.

touche – douche

À la piscine, il faut prendre une ______________.

14 J'accorde l'adjectif (1)

MANUEL p. 82

Date : ....

1 J'écris l'adjectif qui manque.

Matéo boit son chocolat dans un ______ bol.

Leila boit son chocolat dans une grande tasse.

Matéo est enroué.
Il a mal à la gorge

Leila est ______.
Elle a mal à la gorge.

2

1. La tortue est lente.
   L'escargot est ______ .

2. Au grenier, j'ai trouvé un sac entier de jouets.
   Au grenier, j'ai trouvé une valise ______ de jouets.

3. Attention, la casserole est chaude !
   Attention, le lait est ______ !

4. Au parc, il y avait un petit garçon égaré.
   Au parc, il y avait une ______ fille ______ .

Date :

Un loup, deux luges

Loup fait de la luge sur la colline.

Renard arrive :

– On pourrait faire un train de luges !

– Bonne idée ! Mais comment ?

Renard est malin. Il pense que c'est Loup qui va tirer les luges pour remonter la pente.

– Laisse-moi réfléchir … Dans un train il y a toujours une locomotive.

– D'accord ! La locomotive, c'est moi !

Renard attache les deux luges et il passe les rênes autour des épaules de Loup.

– Bravo ! Tu es le premier loup-comotive.

Loup n'est pas content du tout. Il pense :

« Un jour je serai plus malin que toi. »

14 ...et je la transforme en bande dessinée.

Date :

Date : ....

1 J'écris le nom sous chaque photo.

une arche / *une arche*	une grotte / *une grotte*	une crique / *une crique*
une plage de sable / *une plage de sable*	une plage de galets / *une plage de galets*	

2 J'encadre une ou deux pour donner la phrase juste.

Tous les jours il y a < une / deux > marées hautes et < une / deux > marées basses.

3 Je dessine.

un petit galet

un gros galet

15 J'étudie /g/.

galet vague
galet vague

Date : ....

1 J'écoute et je coche la case si j'entends /g/.

1	2	3	4	5	6	7	8	9	10
☐	☐	☐	☐	☐	☐	☐	☐	☐	☐

2 Je recopie les mots où j'entends /g/.

galette

nuage

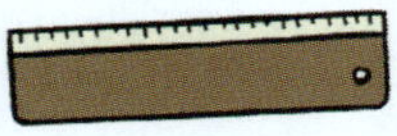
règle

guêpe

bougie

3 Je découpe les mots en syllabes écrites : je trace les vagues.
Je marque d'un point l'endroit de la syllabe où j'entends /g/.

un gâteau | un légume | la langue | un groupe

4 Je complète les noms avec les syllabes qui manquent.

un ____rage

la ____nouille

une ____ce

une ____tare

un ____çon

un ____éland

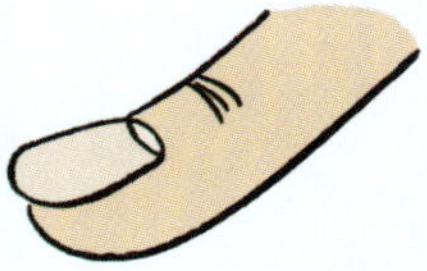
un on____e

la mar____rite

Au port

MANUEL p. 86

Date :

1 Je recopie la phrase qui est juste.

Le matin, les pêcheurs partent en mer à marée haute.
Le matin, les pêcheurs partent en mer à marée basse.

2 Je cherche dans mon manuel le nom des crustacés. Je les recopie.

3 Je réponds à la devinette.

C'est un poisson plat avec une longue queue.

J'écris trois autres devinettes. J'écris aussi les réponses.

1.

2.

3.

15 Je ne confonds pas /k/ et /g/.

Date : ....

1 Je lis les mots. Je les écris à leur place dans le tableau.

paquebot *paquebot*

guérir *guérir*

kangourou *kangourou*

dragon *dragon*

catalogue *catalogue*

goutte *goutte*

sucre *sucre*

cagoule *cagoule*

gambader *gambader*

quatre *quatre*

J'entends /k/.	J'entends /g/.	J'entends /k/ et /g/.

2 Je recopie les mots à leur place dans la phrase.

bac – bague

Ma .... est tombée dans le .... à sable !

comme – gomme

.... tu es ma copine, je te prête ma ....

car – gare – quatre

Il y a .... garés devant la ....

15 Je découvre des adjectifs de sens contraire.

MANUEL p. 88

Date : ....

1 J'écris l'adjectif qui convient.

une rue ______________

une rue ______________

large
étroite

des mains ______________

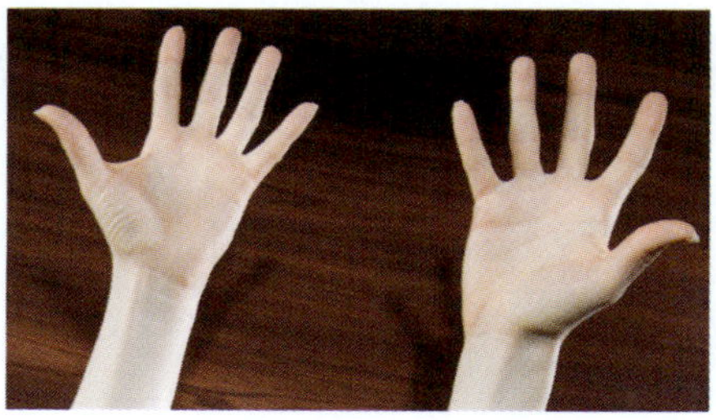

des mains ______________

sales
propres

2 Je relie chaque adjectif à son contraire.

gai	sucré	mouillé	froid
salé	chaud	triste	sec

3 Je complète : j'écris le contraire de l'adjectif en couleur.

1. Gaspard est **poli**, il dit toujours bonjour.
Par contre Robert est ______________, il ne dit jamais bonjour.

2. Quand il y a du soleil, notre classe est **claire**,
mais quand il pleut, elle est ______________ .

3. Clara a les cheveux **longs** et **frisés**, mais son amie Pauline
a les cheveux ______________ et ______________ .

15 J'écris des mots croisés.

Date : ....

J'écris une définition pour chaque mot. Puis je dessine.

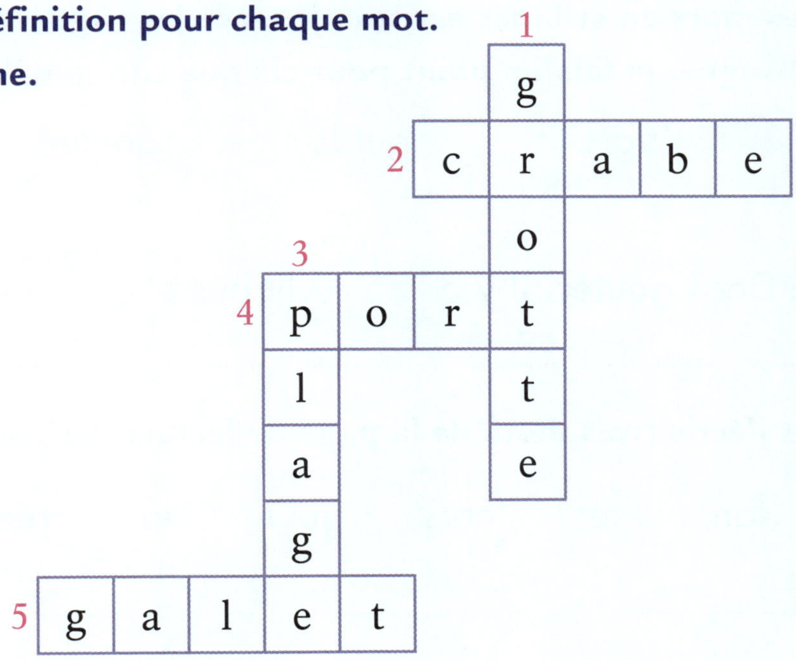

1.

2.

3.

4.

5.

15 J'apprends à connaitre la langue écrite.

Date : ....

1 Je découpe les mots en syllabes écrites : je trace les vagues.
Dans chaque vague, je fais un point pour chaque son que j'entends.

écharpe	ogre	guide	gouter	ski

Je complète : Dans **gouter**, il y a ...... syllabes et ...... sons.

2 Je retrouve et j'écris trois mots de la page de lecture Au port (page 86).

ma · lan · te · crus · gous · ta · rée · cés

__________ - __________ - __________

3 J'écris la lettre qui manque dans chaque mot.

ar__he

g__otte

g__let

sa__le

vagu__

Je recopie ces lettres dans l'ordre pour écrire un nouveau mot.

__ __ __ __ __

Où en suis-je ?

1 J'entoure les mots que le maitre dicte.

1. ongle - ombre - oncle   2. gant - camp - grand

2 J'écris les mots que le maitre dicte.

À la plage, j'ai fait __________ __________ __________
avec __________ __________.

16 Je comprends l'histoire lue.

Le petit capuchon rouge (1)

MANUEL p. 90

Date : ....

1 **Je mets en ordre les images de l'histoire.**
J'écris 1 pour la première image, 2 pour la deuxième,
et ainsi de suite, jusqu'à 5.

2 **Je recopie la phrase qui est vraie.**

1. Clotilde n'invitait jamais Capuchon dans son bain parce que l'eau était trop chaude.

2. Clotilde invitait Capuchon dans son bain quand l'eau n'était pas trop chaude.

16 J'étudie /v/.

ville
ville

Date : ……………………………………

1 J'écoute et je coche la case si j'entends /v/.

1 ☐ 2 ☐ 3 ☐ 4 ☐ 5 ☐ 6 ☐ 7 ☐ 8 ☐ 9 ☐ 10 ☐

2 Je découpe les mots en syllabes écrites : je trace les vagues.
Je marque d'un point l'endroit de la syllabe où j'entends /v/.

vent	télévision	vacances	livre	locomotive

3 Je complète les noms avec les syllabes qui manquent.

un a……cat

une ……che

une oli……

le che……

un sa……

vendredi

……dredi

un ……let

une chè……

4 J'écris le nom sous chaque image.

une endive – une vipère – un volcan – une vitrine

……………

……………

……………

……………

Je comprends l'histoire lue.

Le petit capuchon rouge (2)

MANUEL p. 92

Date :

1 **Je dessine des poissons à la queue leu leu.**

2 **Que disent les poissons à Capuchon ?**
J'entoure la bonne réponse. Je recopie toute la phrase.

Ne traine pas en chemin

- *parce que tu vas te perdre.*
- *parce que le loup pourrait te manger.*
- *parce que nous sommes pressés.*

✱ **Où est Capuchon à la fin de l'histoire ?**
Je coche le dessin qui répond à la question.

ÉPISODE 3

16 J'étudie /wa/.

poisson
poisson

Date : ....

1 J'écoute et je coche la case si j'entends /wa/.

1 ☐ 2 ☐ 3 ☐ 4 ☐ 5 ☐ 6 ☐ 7 ☐ 8 ☐ 9 ☐ 10 ☐

2 Je découpe les mots en syllabes écrites : je trace les vagues.
Je marque d'un point l'endroit de la syllabe où j'entends /wa/.

poire	couloir	voiture	patinoire	miroir

3 Je recopie les mots dans lesquels j'entends /wa/.

oiseau

canard

mouchoir

armoire

avion

4 Je recopie le nom qui va avec l'image.

rat – roi

le ____________

toit – tas

____

poivre – poire

____

5 Je recopie les mots à leur place dans la phrase.

bonsoir – soir – toilette

Le ____________, je fais ma ____________ avant de me coucher.
Puis je dis ____________ à mes parents.

MANUEL p. 94

Date : ....

Je choisis et j'écris.

noir ou noirs

Qu'y a-t-il derrière ces rochers __________ ?

clair ou clairs

Et là, sur le sable __________ ?

grande ou grandes

Un loup avec ses __________ dents ?

petit ou petits

Des __________ morceaux de verre ?

long ou longs

Un oursin avec ses __________ piquants ?

poli ou polis

Des galets __________ par la mer ?

Et tout au fond de la mer…

engloutie ou englouties

caché ou cachés

Une épave __________ avec ses trésors __________.

16 J'écris une lettre.

Date : ....

J'aide Clotilde à écrire une lettre à sa maman.
Je peux utiliser des mots de la liste. Je peux aussi en trouver d'autres.

- grand-mère, Capuchon et moi
- la mer, la plage, le port, le sable, le quai, l'eau, les vagues…
- la pêche, une canne à pêche, une épuisette, un poisson…
- le vélo, les châteaux de sable, un pique-nique…
- des galettes, des crêpes, des frites, des glaces…
- construire, faire, se promener, visiter, voir, manger, pêcher…

Bonjour maman chérie,

nous sommes bien arrivés

chez

Nous sommes allés tout de suite

J'ai mis les pieds

Aujourd'hui, nous partons

Grand-mère a préparé   Miam !

Demain, nous irons

Nous mangerons peut-être

Je t'embrasse.

16 J'apprends à connaitre la langue écrite.

Date : ....

1 Je découpe les mots en syllabes écrites : je trace les vagues.
Dans chaque vague, je fais un point pour chaque son que j'entends.

tiroir | savon | voiture | arrondi | bonsoir

Je complète : Dans **bonsoir**, il y a ...... syllabes et ...... sons.

2 Je mets les mots en ordre pour écrire deux phrases.
Je peux m'aider de mon manuel (page 92).

Je | la | mer | venu | suis | voir | .

es | Oh ! | petit | un | touriste | tu | !

Où en suis-je ?

1 J'encadre les mots que le maitre dicte.

1. part – poire – poivre
2. trois – roi – rat

2 J'écris les mots que le maitre dicte.

Au fond du ______________ *il y a* ______________ ______________

______________ ______________.

Table des illustrations

9 hd : ph © Bernard Annebicque / Corbis Sygma - 9-2 md : ph © Ragnar Schmuck / zefa / Corbis - 10-1 bm : ph © Corolle, poupée Camille (la Chérie blonde) - 10-2 bm : ph © Image Source / Corbis - 14-1 gmh : ph © Mauritius / Photononstop - 14-1 dmb : ph © Marvy ! / Corbis - 14 bg : ph © Patrick Lorne / Sunset - 15 h : ph © Ragnar Schmuck / zefa / Corbis - 15-5 mg : ph © Hirdes / Age Fotostock - 16 *de h en b :* ph © Archives Hatier, ph © Helén Pe / Age Fotostock, ph © Archives Hatier, ph © Dorling Kindersley / Gettyimages, ph © Dave King / Gettyimages, ph © Dorling Kindersley / Gettyimages, ph © Corolle, poupée Camille (la Chérie blonde), ph © Archives Hatier - 18 g : ph © Ragnar Schmuck / zefa / Corbis - 20-3 d : ph © Horizon Vision / Sunset - 21 hmg : ph © Mauritius / Photononstop - 21 bg: ph © Erik Rank / Gettyimages - 21 bmg : ph © Corolle, poupée Camille (la Chérie blonde) - 21 bd : ph © Andy Crawford / Gettyimages - 24 *de g à d, de h en b :* ph © Horizon Vision / Sunset, ph © Archives Hatier, ph © Shannon Fagan / Taxi / Gettyimages, ph © Juniors Bildarchiv / Sunset, ph © Mark Hall / Gettyimages, ph © Don Johnston / Age Fotostock, ph © Archives Hatier, ph © SuperStock / Age Fotostock - 25 d : ph © Juniors Bildarchiv / Sunset - 26 hd : ph © K. & H. Benser / zefa / Corbis - 28-1 bg, 29 h : ph © J. Garcia / photocuisine / Corbis – 32-1 hm : ph © Beverly Logan / Age Fotostock - 32-1 hd : ph © Mauritius / Photononstop - 32-1 bg : ph © Gérard Lacz / Sunset - 32-1 bm : ph © Javier Larrea / Age Fotostock - 32-1 bd : ph © Focus database / Tips / Photononstop - 33-1 mg : ph © Sylvie Grange - 33-1 d : ph © Ragnar Schmuck / zefa / Corbis -
34-2 g : ph © Tom Chance / Age Fotostock - 34-2 mg : ph © Diagentur / Sunset - 39-3 g : ph © Tom Chance / Age Fotostock - 39-3 d : ph © Steve Gorton / Gettyimages - 41 hd : ph © Guy Marché / Photononstop - 41-2 md : ph © Hirdes / Age Fotostock - 41-3 hg : ph © Steven Kazlowski / Gettyimages - 41-3 hd : ph © Piga & catalano / Age Fotostock - 43 h : ph © Horizon Vision / Sunset - 43-2 d : ph © Steve Vidler / Age Fotostock - 48 hd : ph © Robert W. Ginn / Age Fotostock / Hoa-Qui / Eyedea - 48-2 hg : ph © Dorling Kindersley / Gettyimages - 48-2 hmg : ph © Corolle, poupée Camille (la Chérie blonde) - 48-2 hmd : ph © Garry Black / Masterfile - 50-2 mg : ph © Garry Black / Masterfile - 50-2 md : ph © Andrew Holligan / Gettyimages - 53-2 hd : ph © Dorling Kindersley / Gettyimages - 53-2 bmg : ph © Focus Database / Tips / Photononstop - 55-2 g : ph © Geoff Brightling / Gettyimages - 55-2 md : ph © Hirdes / Age Fotostock - 55-3 hm : ph © Marge / Sunset - 56-2 b : ph © Dorling Kindersley / Gettyimages - 56-3 hm : ph © Dupont / Delorme / Jacana / Eyedea - 56-3 hd : ph © Dorling Kindersley / Gettyimages - 56-3 bd : ph © Steven Kazlowski / Gettyimages - 60 : ph © Joseph Sohm / Visions of America / Corbis - 62 hd : ph © Horizon Vision / Sunset - 62-4 hg : ph © Corolle, poupée Camille (la Chérie blonde) - 62-4 hm : ph © Mario Fourmy / Réa - 62-4 bg : ph © Tom Chance / Age Fotostock - 62-4 bm : ph © Richard Shiell / Sunset - 64-3 gh : ph © Franck Guiziou / Hemis.fr - 64-3 dm : ph © Foodanddrinkphotos / Sunset - 64-3 db : ph © Weatherstock / Sunset - 68-2 md : ph © Rivière / Sucré Salé - 69 h : ph © Thomas J. Peterson / Gettyimages - 69-4 bd : ph © Erik Rank / Gettyimages - 70 hm : ph © Kevin O'Hara / Age Fotostock - 70 bg : ph © M. Castro / Urba Images - 71 hd : ph © Abode / Beateworks / Corbis - 71-2 mg : ph © Steve Gorton / Gettyimages - 71-4 bm : ph © Steve Gorton / Gettyimages - 71-4 bd : ph © Walter Zerla / Tips / Photononstop - 75-1 mg : ph © Brännhage Bo / Age Fotostock - 75-1 md : ph © R. Creation / amanaimages / Corbis - 75-3 hm : ph © Hervé Mascot / Hoa-Qui / Eyedea - 75-3 bg : ph © Thomas J. Peterson / Gettyimages - 75-3 bm : ph © R. Creation / amanaimages / Corbis - 76-3 hm : ph © Peter Christopher / Masterfile - 76-3 hd : ph © Andy Crawford / Gettyimages - 83 h, 85 hg : *Le plus beau des trésors*, par Albéna Ivanovitch-Lair et Robert Giraud, illustrations de Charlotte Gastaut © Flammarion, 2006 - 83-2 d : ph © C. Adam / Sucré Salé - 83-3 hd : ph © Brake / Sunset - 83-3 bm : ph © Jeannot Schmidt - 85-4 hmd : ph © J. Garcia / photocuisine / Corbis - 85-4 bmg : ph © Mauritius / Photononstop - 90 hm : ph © Horizon Vision / Sunset - 90-2 mg : ph © Marcus Harpus / Biosphoto -90-3 hd : ph © Dorling Kindersley / Gettyimages - 90-3 bd : ph © Tripelon-Jarry / Top / Eyedea - 91-2 g : ph © Dorling Kindersley / Gettyimages - 91-2 mg : ph © Michael Duva / Gettyimages - 91-2 md : ph © Merton Gauster / Gettyimages - 91-2 d : ph © Jeffrey Coolidge / Gettyimages - 96-1 hg : ph © René Mattes / Hemis.fr - 96-1 hm : ph © Rex Interstock / Sunset - 96-1 hd : ph © Neil Rabinowitz / Corbis - 96-1 bg : ph © Christian Heeb / Hemis.fr - 96-1 bd : ph © World Pictures / Sunset - 97 hg : ph © Vincenzo Lombardo / Gettyimages - 97-2 g : ph © Bichon / photocuisine / Corbis - 97-2 mg : ph © Horizon Vision / Sunset - 97-2 md : ph © Juniors Bildarchiv / Sunset - 97-4 hmd : ph © Hammond / Sucré Salé - 97-4 bmg : ph © Olivier Puccia / Sunset - 98 h, mh : ph © J. Garcia / photocuisine / Corbis - 98 mb : ph © Geoff Dann / Gettyimages - 98 b : ph © GL Production / Sunset - 100 hg : ph © Françoise Huguier / Rapho / Eyedea - 100 hd : ph © Wolfgang Weinhäupl / Mauritius / Photononstop - 100 bg : ph © Bjorn Vinter / Gettyimages - 100 bd : ph © Sheer Photo, Inc / Gettyimages - 102 g : ph © René Mattes / Hemis.fr - 102 mg : ph © Neil Rabinowitz / Corbis - 102 m : ph © Christian Heeb / Hemis.fr - 102 md : ph © World Pictures / Sunset - 104 h : ph © Hervé Champollion / Top / Eyedea - 104-3 hmd : ph © Maximilian Stock Ltd / Photononstop - 104-3 bg - ph © ZenShui / Michele Constantini / Gettyimages - 104-3 bmd : ph © David Tomlinson / Gettyimages - 104-3 bd : ph © Layer Werner / Jacana / Eyedea - 104-4 mg : ph © Foodcollection / Gettyimages - 104-4 d : ph © Franck Guiziou / Hémis.fr - 106-3 m : ph © J-C. & D. Pratt / Photononstop - 106-3 md : ph © Ryan McVay / Gettyimages - 106-4 g : ph © J.M. Labat & P.Rocher / Biosphoto - 106-4 m : ph © Walter Bibikow / Age Fotostock - 107 gh : ph © Michel Pakiela / Sunset - 107 dh : ph © Xavier Desmier / Rapho / Eyedea - 107 gm : ph © Lawson Wood / Corbis - 107 dm : ph © Antoine Lorgnier / Biosphoto - 107 gb : ph © Jeffrey L. Rotman / Corbis - 107 db : ph © Hartmut Krinitz / Hemis.fr -
107 b : ph © Stephen Frink / Corbis

Etiquettes à découper (page13, ex.3) : gm : ph © Studio / Sucré Salé - gb : ph © Françoise Huguier / Rapho / Eyedea - dh : ph © Siede Preis / Gettyimages - db : ph © Chris Cheadle / Age Fotostock

7, 9hg, 9-2g, 9-2d, 9-5m, 10-1hg, 10-1bg, 10-1bd, 10-2hg, 10-2bd, 11, 13h, 14-1gmb, 14-1gb, 14bm, 14bd, 15-2mg, 15-2d, 15-3md, 17, 18m, 18d, 21hg, 21bmd, 22, 25m, 26hg, 26bg, 26bmg, 26bd, 27, 28-1bm, 32-1hg, 32-1mm, 32-1md, 33-1g, 33-1md, 36, 41 hg, 41-3bm, 41-3bd, 48-2hd, 50-3hm, 50-3hg, 53-2hg, 53-2bmd, 55h, 55-3bg, 55-3bd, 56-2h, 56-3hg, 56-3bg, 56-3bm, 62-2m, 62-2mg, 64-2md, 69-2g, 71hg, 71-2md, 71-4hg, 75-3hd, 76hg, 76-2m, 76-2md, 76-3hg, 76-3bg, 76-3bd, 83-2g, 83-2md, 83-3hm, 85-4hmg, 88-2d, 90-3bg, 90-3bm, 97hd, 97-4hd, 97-4bd, 102d, 104-3hg, 104-3hmg, 106h, 106-3mg : ph © Archives Hatier

27-5g, 68-2g, 68-2mg, 68-2d, 71-4hd, 83-3hg, 90hg : ph © Jagoda Kadziela

Les Editions Hatier remercient **Corolle** de son aimable autorisation pour la reproduction de la poupée ***Camille*** (la Chérie blonde) - www.corolle.com

Page 6, exercice 3

Page 13, exercice 3

	un pull un pull		une buche une buche
	du riz du riz		une pile une pile
	la rue la rue		une biche une biche

Principe de maquette : Anne Gallet
Adaptation de maquette : Graphismes
Mise en page : Nadine Aymard
Illustrateurs : Sébastien Azzi, Pierre Beaucousin, Chantal Cazin-Robert, Jean-Philippe Chabot, Alain Frappier, Charlotte Gastaud, Caroline Hue, Laurent Kling, Volker Theinhardt, Carole Xénard
Recherche iconographique : Hatier illustration
Photogravure : RVB Éditions

IMPRIM'VERT
Votre imprimeur agit pour l'environnement

Achevé d'imprimer en France par Loire Offset Titoulet - France
Dépôt légal n°95630-0/04 - mars 2014